D1879289

जिस्म जिस्म के लोग

[उपन्यास]

जिस्म जिस्म के लोग

शाज़ी ज़माँ

राजकमल प्रकाशन
नयी दिल्ली पटना इलाहाबाद कोलकाता

ISBN : 978-81-267-2303-4

मूल्य : ₹ 200

© शाज़ी ज़माँ

पहला संस्करण : 2012
पहली आवृत्ति : 2015

प्रकाशक : राजकमल प्रकाशन प्रा. लि.
1-बी, नेताजी सुभाष मार्ग, दरियागंज
नई दिल्ली-110 002

शाखाएँ : अशोक राजपथ, साइंस कॉलेज के सामने, पटना-800 006
पहली मंजिल, दरबारी बिल्डिंग, महात्मा गांधी मार्ग, इलाहाबाद-211 001
36 ए, शेक्सपियर सरणी, कोलकाता-700 017

वेबसाइट : www.rajkamalprakashan.com
ई-मेल : info@rajkamalprakashan.com

आवरण : वाज़दा ख़ान

मुद्रक : बी.के. ऑफसेट
नवीन शाहदरा, दिल्ली-110 032

JISM JISM KE LOG
Novel by Shazi Zaman

इस पुस्तक के सर्वाधिकार सुरक्षित हैं। प्रकाशक की लिखित अनुमति के बिना इसके किसी भी अंश को, फोटोकॉपी एवं रिकॉर्डिंग सहित इलेक्ट्रॉनिक अथवा मशीनी, किसी भी माध्यम से, अथवा ज्ञान के संग्रहण एवं पुनर्प्रयोग की प्रणाली द्वारा, किसी भी रूप में, पुनरुत्पादित अथवा संचारित-प्रसारित नहीं किया जा सकता।

जिस्म जिस्म के लोग

प्राक्कथन

मैंने बहुत सारे उपन्यासों और कहानियों के बारे में सुना है 'कि इसमें मानवीय संबंधों के अनछुए पहलुओं को दर्शाया गया है।' यहाँ मैं बताना बहुत ज़रूरी समझता हूँ कि इस उपन्यास में सिर्फ़ 'छुए' हुए पहलुओं को दिखाया गया है। ये उपन्यास उन सभी लोगों को समर्पित है जो मेरी ज़िंदगी को छू कर निकले हैं, या जिनकी ज़िंदगी को मैं छू कर गुज़र गया...या ठहर गया। ये उन सबके नाम है जिनसे मेरा चाहत, राहत और आफ़त का रिश्ता रहा है।

दफ़्न कर सकता हूँ सीने में तुम्हारे राज़ को,
और तुम चाहो तो अफ़साना बना सकता हूँ मैं।[1]

—शाज़ी ज़माँ

shazi.zaman@gmail.com

31 अगस्त, 2011
नई दिल्ली।

1. मजाज़ का शेर

जिस्मानी शायर

1

दरवाज़ा बंद करने से पहले सूने कमरे को मुड़ के देखा तो लगा जैसे जिस्म छूटा जा रहा है। वहीं, जहाँ रात-भर रहा था।

'रूहानियत की उम्र में जिस्मानियत सवार हो गई है,' छूटते कमरे को देखते हुए ख़्याल आया।

"आप रूहानी हैं...," सवाल था या ख़्याल था, क्या था पता नहीं।

"जिस्मानी हूँ...," मैंने एकाएक जवाब दिया, जैसे जिस्म ने ख़ुद बोल दिया हो।

"दोनों में फ़र्क़ क्या है!"

कल रात के अँधेरे में दोनों जिस्म इतने क़रीब थे कि बीच में रूह बराबर जगह भी नहीं थी।

"जिस्म भी जिस्म से बात करता है," एक बहुत छोटे या बहुत लम्बे अर्से या एक बहुत छोटे या बहुत लम्बे लम्हे के बाद मैंने कहा था।

"आपका तो मुकम्मल जिस्म बात करता है," तुमने कहा था।

"और तुम! इक सोचता हुआ बदन, ख़ुद इक जहाँ लिए हुए।"

"हरी-भरी रगों में वो चहकता बोलता लहू,
वो सोचता हुआ बदन ख़ुद इक जहाँ लिये हुए" ।[2]

---

2. फ़िराक़ का शेर।

"जब जिस्म सोचता, बोलता है तो जिस्म सुनता है।"

"आप तो बोलते भी हैं, सुनते भी हैं, लिखते भी हैं..."

"लिखता भी हूँ?" मैंने कहा।

एक कंपन, एक हरकत-सी हुई तुम्हारे जिस्म में—जैसे मेरी बात का जवाब दिया हो।

"रूमानी शायर जिस्म पर भी जिस्म से लिखता है," मैंने कहा।

"आप जिस्मानी शायर हैं!"

कल रात का ध्यान टूटा तो मैं दरवाज़े पर ही खड़ा था। सामने पोर्टर इंतज़ार में था कि मैं बाहर निकलूँ तो वो दरवाज़ा बंद कर के कमरा ख़ाली कर दे।

'मेरा दीया जलाए कौन,
मैं तेरा ख़ाली कमरा हूँ।'[3]

नासिर काज़मी का शेर पढ़ते-पढ़ते मैं गलियारे, लॉबी और पोर्टिको पार करता हुआ गाड़ी में बैठा और दरबान का सलाम लेता हुआ निकल गया।

गाड़ी के दोनों तरफ़ शहर तेज़ी से दौड़ रहा था। कौन शहर को इमारतों, सड़कों और चौराहों के लिये याद रखता है! ये सब तो उम्र के किसी पड़ाव, रिश्ते की किसी मंज़िल की याद थे।

इस शहर के रास्ते का मोड़ था या रिश्ते का झुकाव, चौराहा था या कशमकश, धुआँ था या धुंध...मेरे ज़हन में इस शहर का अपना ही जुग़राफ़िया था। ठीक वो जगह, जहाँ शुरू हुआ जिस्मानियत का दौर। वो जगह, जहाँ तुम्हारा फ़ोन आया था, वो जगह, जहाँ गाड़ी ने अपना रुख़ बदला था और बात ने भी...

गाड़ी टी.वी. सेंटर के सामने से गुज़र गई लेकिन नज़र वहीं रह गई।

---

3. नासिर क़ाज़मी का शेर

यादों की सीढ़ियाँ चढ़ता हुआ मैं ऊपर चला गया। अपनी पसंदीदा एडिटिंग टेबल पर जाकर तुम्हारे पीछे खड़ा हो गया। नज़र उन तस्वीरों पर थी जो सामने मॉनीटर पर नाच रही थीं और तुम्हारी झुकी-झुकी गर्दन पर भी। नज़रें गड़ती हैं तो चुभन-सी होती है। इसीलिए तुमने मुड़कर देखा और एकाएक खड़ी हो गईं।

"अरे बैठिए आप!"

"नहीं...आप काम कर रही हैं।"

"हो गया। बैठिए...देखिए इसे...," तुमने मुझे ज़बर्दस्ती बिठा दिया।

मशीन को ठंडा रखने के लिए तेज़ एयरकंडीश्नर चल रहा था लेकिन कुर्सी पर बैठते ही मैं सन्न रह गया। तुम्हारे जिस्म ने कुर्सी को लम्हा-भर पहले छोड़ा था और जहाँ से तुम उठीं वहाँ तुम्हारे जिस्म की लौ अब भी जल रही थी। धीमी-धीमी आँच-सी सुलगती हुई कुर्सी पर मैंने पहली बार तुम्हारे जिस्म को महसूस किया।

मैं जाने के लिए मुड़ा तो तुम कुर्सी पर बैठ गईं। एक सिलसिला-सा शुरू हो गया जिस्म-जिस्म के बीच।

बात बहुत पुरानी थी लेकिन जो दिल के क़रीब होती है वो कल की सी लगती है।

"लौ लगाने का मतलब अब समझ आया!" मैंने कहा था।

कुछ अच्छा लगे तो लोगों का चेहरा खिलते देखा है मैंने। तुम्हारा जिस्म खिलता था।

"तुम पूरे जिस्म से ख़ुश होती हो।"

"और आप पूरे जिस्म को ख़ुश होते हुए देखते हैं?"

"जिस्म जिस्म को देखता है," मैंने कहा था।

"जिस्म जिस्म के लोग हैं!"

और यहीं से मुझे दो जिस्मों की (आत्म) कथा का शीर्षक मिल गया।

जिस्म पर सिर्फ़ मोबाइल था!

2

दोनों जिस्म एडिटिंग टेबल पर पास-पास थे। बहुत ज़ोर का नाच चल रहा था मॉनीटर पर। मैं घुमा-घुमा के स्लोमोशन में कई बार देख चुका था। एकाएक ज़बान खुल गई।

"लोग अपने जिस्म से कितना कुछ करते हैं..."

"यानि...," तुमने पूछा।

"यानि...हम लोग अपना-अपना जिस्म लिये ऑफ़िस चले आते हैं... और उसी जिस्म को लिये-लिये चले जाते हैं..."

"तो...?"

"तो जिस्म यूँ ही आता है और यूँ ही चला जाता है..."

"तो क्या करता?" तुमने पूछा।

"तुम रोज़ आती हो...क्या करती हो...उँगलियों से टाइप करती हो, एडिटिंग करती हो, मुझ से हाथ भी मिला लेती हो, कभी आँख भी। कुल मिला कर हाथ और आँख...बस इन से गुज़र-बसर हो जाती है। बाक़ी का जिस्म तो बिला वजह ही आया ना!"

"तो बाक़ी के जिस्म को कल से घर रख कर आएँगे," तुमने कहा।

"मतलब कि इस प्रोफ़ेशनल ट्रूप को देखो...," मैंने मॉनीटर की तरफ़ इशारा किया, "पूरे जिस्म से बात कह रहे हैं...कपड़ों के ऊपर से जो भी दिख रहा है वो कुछ न कुछ कह रहा है..."

"हर अंग कुछ कहता है!"

तुम्हारे इस एक जुमले में इतना वज़न था कि मैं इसमें कुछ जोड़ नहीं सका। पूरे जिस्म से तुम्हें गले लगाया और फिर अपने पूरे जिस्म को लेकर भागता हुआ बाहर चला गया।

ये जिस्मों की शुरुआती मुलाक़ातें थीं।

गाड़ी टी.वी. सेंटर को पीछे छोड़ चुकी थी। वो चौराहा आ गया, जहाँ तुम्हारी नज़रें गाड़ी के सामने आ गई थीं।

कड़ाके की सर्दी के दिन थे। गाड़ी चौराहे के पास पहुँची तो जैसे तुम्हारी नज़रों ने रोक लिया। तुम बस के इंतज़ार में थीं। मैंने इशारे में कहा–'तुम्हें छोड़ दूँ?'

तुमने भी वैसे ही कहा–'नहीं।'

गाड़ी आगे बढ़ गई लेकिन मैंने मोबाइल मिला लिया।

"ये जिस्म तन्हा-तन्हा क्यों खड़ा है?"

"चौराहे पर बड़ी तन्हाई होती है," तुमने कहा था।

"तो जिस्म चल पड़े न एक तरफ़...," मैंने कहा।

"किस तरफ़?"

"किसी जिस्म की तरफ़," मैंने कहा।

ख़ामोशी।

धुँधली कुहासी सर्दी की रात थी। गाड़ी रास्ता ढूँढ़ती घर की तरफ़ जा रही थी लेकिन लग रहा था किसी नामालूम जगह जा रही है।

"आज जिस्म दिखाई नहीं दिया!" मैंने कहा।

"खोया-खोया था," तुमने कहा।

"किस जिस्म में?" मैंने पूछा।

"अपने में," तुमने कहा।

"अपनों में?"

हमारी बातें शुरू कहीं हों, जिस्म पर आ ही जाती थीं।

"हम बात नहीं करते, जिस्म-जिस्म खेलते हैं," तुमने कभी कहा था।

सर्दी की उस रात भी हमारा जिस्म-जिस्म का खेल चलता रहा।

बहुत देर हो गई तो तुमने एकाएक पूछा, "अभी घर नहीं पहुँचे?"

"मैं तो कब का पहुँच गया।"

"तो जाओ कपड़े बदलो, हाथ-मुँह धोओ," तुमने कहा, "फिर बात करेंगे।"

"कर चुका," मैंने कहा।

"क्या!"

"कपड़े बदल चुका, हाथ मुँह धो चुका।"

"मतलब..."

"हाँ..."

"तो यानि..."

"जी हाँ यानि सही समझा आपने..."

"फ़ोन लिये-लिये कपड़े बदल लिये..."

"हाँ...मैं तो ऐसे ही करता हूँ।"

ख़ामोशी।

"शक सही है..एक लम्हा ऐसा भी था जब मेरे जिस्म पर सिर्फ़ मोबाइल था...मोबाइल के इस तरफ़ मैं था...उस तरफ़ आप।"

"जिस्म पर सिर्फ़ मोबाइल था," तुमने मेरी बात को धीरे-धीरे और धीमे-धीमे दोहराया जैसे बात का मायने समझ में आता जा रहा हो।

उस दिन बात करते-करते कब सो गया, पता ही नहीं चला। फ़ोन की थरथराहट से आँख खुली तो पाया फ़ोन कान पर था ही नहीं। वहाँ आ पहुँचा है जहाँ दिल हुआ करता है।

हाथ बढ़ा कर दिल पर से फ़ोन उठाया।

"तुम कब सो गए?" तुमने कहा।

"कब?"

"रात को एकाएक जवाब आने बंद हो गए।"

"ओ...हाँ...फ़ोन की आँच से नींद आ गई...तुम्हारी बात से गर्म हुआ या मेरे गाल से...लेकिन बिल्कुल सिंक गया। बस गाल पर ही रखा रह गया...जैसे तुम्हारा हाथ। और फिर रात को सरक के दिल पर आ गया," मैंने कहा।

"हाँ, मैं मोबाइल के इस पार इंतज़ार करती रही।"

"ख़ामोशी सुनी होगी...हर इंसान की ख़ामोशी अलग होती है। सुनना कभी।"

"सुना," तुमने कहा।

"कब तक सुनती रहीं?"

"बड़ी देर तक।"

"फिर?"

"फिर...दिल धक-धक करने लगा।"

"आपका?"

"नहीं आपका...मोबाइल के उस पार से ही धक-धक होने लगा।"

"ओह! वो फ़ोन दिल पर आ गया था," मैंने कहा।

"फ़ोन दिल पर आ गया था," तुमने कहा।

"कैसा लगा?"

"ऐसा।"

एक पल की ख़ामोशी के बाद पूरा मोबाइल ही धड़कने लगा।

धक धक...धक धक!

फ़ोन दिल तक आ गया था।

रूहानी, रूमानी और जिस्मानी!

3

“ख़ुसरो नदिया प्रेम की, उल्टी वाकी धार,” मैंने कहा।

“जो उबरा सो डूब गया, जो डूबा सो पार,” तुमने पूरा किया।

अँधेरे में हम दोनों बहुत क़रीब-क़रीब थे। बिल्कुल लगता था एक हवा में साँस ले रहे हैं।

“हम दोनों को एक सी चीज़ें कैसे याद हैं?” तुमने कहा।

“हम भी छंदबद्ध हैं...”

“यानि?”

“यानि हम दोनों भी वैसे ही जुड़े हैं जैसे शेर का पहला और दूसरा मिसरा...”

“यानि उतने ही क़रीब...”

“फिर से सुनो–
ख़ुसरो नदिया प्रेम की उल्टी वाकी धार,
जो उबरा सो डूब गया जो डूबा सो पार।”

“रूहानी है,” तुमने कहा।

“रूमानी भी, जिस्मानी भी...”

“कैसे?”

"रूह अपने साथ जिस्म को भी डुबा देती है," मैंने कहा।
"कहाँ डुबा देती है?"
"प्यार में..."

सब ख़ामोश हो गया। दोनों सोच में डूब गए।

गाड़ी शहर के रास्तों पर बढ़ती जा रही थी। टी.वी. सेंटर और चौराहा पीछे छूट चुका था। जैसे बहुत सारे बरस।

जिस्म भी तो जिस्म से छूट गया...डूबते-डूबते डूब ही गया।

"मेरा डूबता हुआ जिस्म है," मैंने कहा था।
"नहीं, तुम्हारा ऊबता हुआ जिस्म है।"

बहुत झगड़ा हुआ था।

ये कोई मतभेद नहीं था। इसे तन-भेद कह सकते हैं। लेकिन ये भेद भी कोई छोटा नहीं था। जिस्म भी जिस्म से रूठ जाया करते हैं–ये पहले न सोचा था, न हमारे जिस्मों के साथ ये पहले कभी हुआ था। लेकिन हुआ तो टूट कर हुआ। और कुछ टूट-सा गया।

उदास जिस्म के मालिक
उर्फ़
बुझता हुआ बदन

4

मैं अपने सामने वाली ख़ाली कुर्सी से ध्यान हटाकर थोड़ा दूर की टेबल को देखने लगा। लड़के ने पाँव टेबल के नीचे से सामने वाले सोफ़े पर रखा हुआ था। कुछ इस तरह कि वो लड़की के आमने-सामने भी था और बग़ल में भी।

"दिल कर रहा है कि आज पाँव को सर पर रख के चलूँ!" मैंने कहा।
"क्यूँ?"
"आज तुमने पाँव को छुआ है...आज पाँव ज़मीं पर नहीं पड़ते मेरे।"

हुआ यूँ था कि रेस्टोरेंट में मैंने पाँव फैला कर तुम्हारे बग़ल में रख लिये। तुमने उन्हें हाथों-हाथ लिया।

बहुत देर तक हम बैठे रहे। मैं कुछ कहता रहा। तुम छू के जवाब देती रहीं।

"आज देर से क्यूँ आईं?"
पाँव को यूँ सहलाया जैसे कहा हो, 'समझो ना...हो जाती है देर।'
"कितनी देर से बैठा हूँ..."

हल्की-सी थपकी, 'अब चुप रहो।'

"आज बहुत अच्छी लग रही हो।"

तुमने हाथ को हौले से पाँव पर रख दिया।

"फ़ोन पर बता नहीं पाया। सोचा मिलकर आमने-सामने बताऊँगा... दस दिन के लिए बाहर जा रहा हूँ।"

तुमने दोनों हाथों से पाँव को गिरफ़्त में ले लिया, 'जा नहीं सकते।'

"छुअन भी कैसी-कैसी होती है...और छू के भी कैसे-कैसे जवाब दिए जाते हैं...," मैंने कहा।

जितना भी जिस्म तुम्हारी तरफ़ था उसे तुमने यूँ सहलाया कि लगा जिस्म को अपने साए में ले लिया।

मैं फिर अपने सामने की ख़ाली कुर्सी को देख रहा था। कैफ़े में भीड़ बढ़ चुकी थी। लेकिन इस भीड़ में भी लोगों की अपनी-अपनी दुनिया थी।

दो होंठ—एक टेबल के इस तरफ़ और एक उस तरफ़—एक दूसरे को देख रहे थे। बहुत देर से लफ़्ज़ों की ख़ामोशी थी लेकिन बात हो रही थी। हन भी तो ऐसे थे।

"तुमको पता है तुम्हारे होंठ कितना रंग बदलते हैं?" मैंने पूछा।

"ना।"

"हल्का, गहरा, बहुत गहरा, बहुत-बहुत गहरा...लाल!"

"अच्छा!"

"हाँ। और ये बिल्कुल धूप, छाँव, घटा की तरह आते-जाते रहते हैं।"

"और आप इन्हें आते-जाते देखते रहते हैं?"

"मैं नहीं मेरे होंठ!"

"दोनों अक्सर बातें करते हैं," तुमने कहा।

"दोनों हमज़बान हैं। तुम्हारे मन में कोई ख़्याल भी आता है तो उसका साया-सा गुज़र जाता है होंठों पर से। तुम बोलो...उससे पहले होंठ बोलते

. हैं। और इसकी एक हल्की-सी हरकत और हरारत भी पढ़ लेता हूँ...''

मैंने दूर खिड़की की टेबल पर बैठी लड़की की तरफ़ इशारा किया। तुमने आहिस्ता से मुड़कर देखा। तन्हा लड़की अपने ही गाल पर हाथ रखे बैठी थी।

तुम वापिस मुड़ीं और पेशानी की सिलवटों ने पूछा–'इसमें क्या?'

''स्पर्श,'' मैंने कहा।

''उसका अपना ही तो है,'' तुमने कहा।

''अपना नहीं, अपनों जैसा।''

''यानि।''

''देखा कितने प्यार से अपना हाथ अपने गाल पर रखा है।''

''ह्म्मम्।''

''बिल्कुल जैसे अपना ना हो, अपनों का हो।''

''तो?''

''स्पर्श तो चाहिए न जिस्म को...ये भी तो स्पर्श है...''

तुम सुनती रहीं।

''और स्पर्श की चाहत भी,'' मैंने कहा।

''कभी सोचा है तुम्हारी फ्रैंड इतनी बुझी हुई क्यूँ रहती है?'' मैंने पूछा।

''बस वो ऐसी ही है...''

''ना! कोई तो बात है!'' मैंने कहा।

''है तो है...तुम्हें क्या?'' तुमने कहा।

''बुझा हुआ जिस्म है,'' मैंने कान में कहा।

''ओफ़! फिर वही!'' तुमने आई पॉड का इयर पीस उठाकर कान पर लगा लिया।

''जब जिस्म बुझ जाता है तो इंसान भी बुझ जाता है...,'' मैं बोलता रहा।

अब तुमने आँख भी बंद कर ली।

"बँधा-बँधा, घुटा-घुटा, बुझा-बुझा।"

मैं चिढ़ाने लगा।

तुमने इयर पीस ठीक किया और ग़ौर से टी.वी. देखने लगीं।

"और एक तुम हो?" मैंने कहा।

"हाँ, एक मैं हूँ!" तुमने इयर पीस हटा के फेंका और मुझे देखा।

"तुमने ये जिस्म कितने प्यार से रखा है..."

"कहाँ?" तुमने पूछा।

"अपने पास।"

"सब अपने पास ही रखते हैं।"

"हाँ! लेकिन तुमने बहुत प्यार से रखा है।"

अब दोनों हाथ सर के पीछे बाँध कर मैंने आँखें बंद कर लीं और मुस्कुराया।

"कैसे?," तुमने पूछा।

"बहुत सँवार के," मैंने ऊपर से नीचे तुम्हें देख कर कहा।

"मेरा मतलब, ये कैसे लगा कि बहुत प्यार से रखा है।"

"कभी देखा है कि कितने प्यार से अपने आप को देखती हो।"

"तुम्हें कैसे पता?"

"कल चाय पीने गए थे जहाँ, वहाँ लॉबी में शीशे की दीवार थी। तुमने इतने प्यार से देखा कि मैं चौंक गया।"

तुमने इतनी तेज़ी से मेरा बाल पकड़ा कि दिमाग़ हिल गया। और आसपास के लोग भी।

"जिस जिस्म में कुछ उम्मीद हो वही प्यार से देखता है...बाक़ी बुझे-बुझे होते हैं...जैसे तुम्हारी फ्रेंड," मैंने बाल छुड़ाते हुए कहा।

"उसमें क्या बुझा-बुझा है?"

"उसका जिस्म।"

"क्यों?"

"स्पर्श!" मैंने कहा।

"स्पर्श मायने...?"

"जिनके जीवने में स्पर्श नहीं वो उदास जिस्म के मालिक हैं..."

"और मैं?"

"आप उदार जिस्म की मालिक हैं," मैंने मुस्कुरा के कहा।

तेरा, मेरा और बेला!

5

“ये आपका कैनवस है...,” एक रात मैंने दो साँसों के बीच कहा।

“जी नहीं, आपका है।”

“लिखता मैं हूँ, है आपका।” मैंने कहा।

ये कैनवस की बात कैफ़े से शुरू हुई।

हम दोनों ख़ामोश बैठे बाहर की तरफ़ देख रहे थे। ‘अँधेरा अभी हुआ नहीं था, दिन अभी डूबा नहीं था।’[4] वैसी ही कैफ़ियत दिल में थी। कभी कुछ अँधेरा-सा लगता था, कभी कुछ उजाला-सा।

तभी अँधेरे और उजाले को चीरता हुआ एक जिस्म दाख़िल हुआ। उस लड़की को तुमने एक नज़र देखा और झटके से दोनों नज़रें मुझ पर गड़ा दीं। मैं पहली नज़र के बाद से लगातार उस जिस्म को ही देखता रह गया। और देखते हुए पकड़ा गया।

“इतने कपड़ों की भी क्या ज़रूरत थी,” तुमने कहा।

---

4. लिखने के बाद लगा कि यह वाक्य फ़िल्म ‘आनंद’ की कविता, ‘न अँधेरा न उजाला हो, न अभी रात न दिन’ से प्रेरित है।

"सबका अपना-अपना जिस्म है...जैसे चाहे सजाएँ...जो चाहे बनाएँ।"

"ये कोई कैनवस है?"

"जिस्म से बड़ा कोई कैनवस ही नहीं!"

"हूम्म्म्," तुमने कहा, "तो उसका कैनवस अच्छा लग रहा है।"

मैं जवाब देता उससे पहले तुमने कहा, "मतलब, ज़्यादा अच्छा लग रहा है?"

सब चोरियों में नज़र की चोरी सबसे ख़तरनाक होती है। पकड़ी जाए तो इंसान पानी-पानी हो जाता है।

ध्यान बाँटने के लिए मैं एकाएक उठा और कैफ़े के दरवाज़े पर खड़ी लड़की से बेला के फूल ख़रीद लाया। रात का वक़्त हो चला था और बेला इतना महक उठा कि दाएँ-बाएँ की टेबल से भी लोग इधर ही देखने लगे।

"रात को ही क्यूँ इतना महकता है?" मैंने पूछा।

"पॉलिनेशन के लिए," तुमने कहा।

"तुमने तो आख़िर तक साइंस पढ़ी है...क्या मतलब है इसका," मैंने कहा।

"ख़ुशबू से कीड़े-मकोड़े इसकी तरफ़ आते हैं, बैठते हैं और 'पॉलन' लेकर उड़ जाते हैं, जो हो सकता है 'फ़ीमेल' तक पहुँच जाए..."

"तो बिना ख़ुशबू के बेला तन्हा होता...या होती..."

"हाँ...ख़ुशबू है ही अपनी तरफ़ खींचने के लिए।"

"और रंग?"

"रात के फूलों का रंग अक्सर सफ़ेद होता है...बेला, रात की रानी, रजनीगंधा।"

"रंगो-बू!" मैंने कहा।

"हाँ...रंग और बू से ही ये दुनिया को अपनी तरफ़ खींचते हैं..."

"और अपनी दुनिया आगे बढ़ाते हैं।"

अब बात थोड़ा रुकी। तुम बेला के फूल बाँध चुकी थीं और पीछे

वाली टेबल से भी लोग हमारी तरफ़ देख रहे थे।

"यही तो कैनवस है..." मैंने कहा।

"किसका?" तुमने पूछा।

"तेरा, मेरा या बेला!"

तख़्ती पर क़लम!

6

“कितनी वीरान ज़िन्दगियाँ दफ़न हैं!” तुमने कहा।

मैंने हाथ बढ़ाकर आख़िरी सीढ़ी से तुम्हें ऊपर खींच लिया था।

हुमायूँ के मक़बरे से दूर-दूर तक दिल्ली शहर दिख रहा था। लगा पूरा शहर मक़बरे की तरफ़ खिंचा आ रहा है।

“कैसे-कैसे हालात में लोग गुज़रे होंगे...,” तुमने कहा।

“ये ख़ानदाने-मुग़लिया का ख़ानदानी क़ब्रिस्तान है...बादशाह हुमायूँ और बहुत सारे छोटे-मोटे मुग़ल यहीं आराम कर रहे हैं,” मैंने बताया।

“शहज़ादे-शहज़ादियाँ?”

“हाँ! शहज़ादे-शहज़ादियाँ...,” मैंने कहा।

“कितने शहज़ादे, कितनी शहज़ादियाँ?” तुमने पूछा।

“ये तो गिनना पड़ेगा।”

“कैसे पता चलता है...कोई तस्वीर लगी है?” तुमने कहा।

हम चलते-चलते एक कटी हुई क़ब्र पर आ गए।

“ये किसका मज़ार है?” तुमने पूछा।

"सुनते हैं कि दारा का है," मैंने कहा।

"दारा?" तुमने चीख़ के कहा, "दारा शिकोह?"

"हाँ। दारा शिकोह!"

"कहाँ लिखा है?"

"कहीं नहीं," मैंने बताया।

"कहीं नहीं लिखा?"

"कहीं नहीं।"

"तो फिर पता कैसे चलता है?"

"पता चलता ही नहीं।"

"तो ये दारा की क़ब्र कैसे हुई?"

"क्योंकि लोग मानते हैं।"

"लोग ग़लत भी मान सकते हैं।"

"हाँ...मान सकते हैं..."

"पर लोग ऐसा क्यूँ मानते हैं?"

"क्यूँकि ये क़ब्र एक जगह से कटी हुई है," मैंने इशारा किया।

"ये तो बिल्कुल सर से कटी हुई है," तुमने कहा।

"हाँ! क्यूँकि दारा का सर कटा था..."

"तो ये आयडिया किसका था?"

"कोई नहीं जानता। मेरा ख़्याल है ये क़ब्र बनाने वाले का था...एक कलाकार की श्रद्धांजलि...वो इससे ज़्यादा क्या करता।"

हम दोनों कटी हुई क़ब्र को देखने लगे। कोई और क़ब्र ऐसी न थी। किसी में भी ऐसी दरार न थी, जिसे पूरे इरादे से बनाया गया हो।

"तो इसी वजह से इसे दारा का मज़ार मानते हैं?" तुमने पूछा।

"हाँ। जब ये मक़बरा अंग्रेज़ सरकार के पास आया तो उस वक़्त यही सुनने में आया।"

"अगर ये दारा का न हुआ, किसी शहज़ादी का हुआ तो?"

"ऐसा नहीं हो सकता।"

“क्यूँ?”

“ये मज़ार शहज़ादे का ही है, शहज़ादी का नहीं।”

“क्यूँ...शहज़ादी के मज़ार में दरार नहीं हो सकती?”

“हो सकती है, पर है नहीं?”

“क्यूँ?”

“क्यूँकि शहज़ादा दारा जंग में मारा गया।”[5]

“और शहज़ादियाँ?” तुमने कहा।

“उनकी जंग उनके अंदर ही लड़ी गई।”

“कैसे?”

“अपनी ख़्वाहिशात से।”

“सब?”

“ज़्यादातर!” मैंने कहा।

“तो दारा औरंगज़ेब से लड़ते हुए मारा गया और शहज़ादियाँ अपने आप से?” तुमने कहा।

“जी! क्या शहज़ादियाँ! ज़्यादातर इंसान अपने हाथों मारे गए।”

हुमायूँ के मक़बरे की ऊँचाई पर तेज़ हवाएँ चल रही थीं। तुमने मेरा हाथ पकड़ के पूछा, “ये किसी शहज़ादी की तो नहीं है ना?”

“ना। क़लम बनी है?”

“क़लम?”

“हाँ। शहज़ादों के मज़ार पर क़लम बनी होती थी।”

“और शहज़ादियों के मज़ार पर?”

“तख़्ती।”

“तख़्ती? क्यूँ?”

“तख़्ती मायने...आप...औरत...”

“कैसे?”

“ऐसे कि,” मैंने एक लम्हा रुक कर कहा, “ऐसे कि क़लम से तख़्ती

---

5. तथ्य ये है कि जंग हारने के बाद दारा का सर क़लम किया गया। लेकिन बात एक ही है।

पर लिखा करते हैं।''

''क्या कहा...क्या कहा?''

''क़लम तख़्ती पर लिखती है,'' मैंने धीमे-धीमे कहा।

जैसे तुम्हें एकाएक समझ आया हो–''जैसे कैनवस पर तुम!''

तन्हा जिस्म!

7

मैं कैफ़े में घुसा तो तुम कॉफ़ी पी रही थीं। सामने कॉफ़ी के दो कप ख़ाली पड़े थे। लंबे इंतज़ार का सबूत। बहाना बनाना बेकार था। मैंने ऊँची आवाज़ में कहा–"पूरे साल-भर की रिपोर्टिंग में ऐसा खौफ़नाक जुर्म नहीं देखा।"

तुम चुप रहीं।

"रोंगटे खड़े हो गए।"

चुप।

"ऐसा लव ट्राएंगल!"

ख़ामोशी।

"प्यार करते हुए जिस्मों को गोली कैसे मार सकता है कोई!" मैंने कहा।

"क्या!!!" तुमने कहा।

"हाँ...इसीलिए तो देर हुई।"

"वो तो ठीक है लेकिन हुआ क्या?"

"हुआ ये कि...यूँ समझिए कि मेरे जिस्म को किसी और जिस्म से प्यार हो जाए...तो फिर आप क्या करेंगी?"

"क्या हुआ?"

"अपने हम-जिस्म को किसी और जिस्म के साथ देखा तो गोली मार दी।"

"वहीं?"

"हाँ...बिल्कुल खुले जिस्म को गोली मार दी," मैंने कहा।

तुमने कॉफ़ी का कप रख दिया।

"खुले जिस्म को गोली मार दी," तुमने दोहराया।

कैफ़े में बहुत शोर था लेकिन हम दोनों के बीच सन्नाटा हो गया।

"कभी पूरे जिस्म से प्यार किया है...किया ही होगा...," मैंने ख़ामोशी तोड़ी।

"प्यार पूरे जिस्म से ही होता है," तुमने कहा।

"हाँ...कोई पूरे जिस्म से, पूरे जिस्म को प्यार करे और उसमें छल हो जाए तो..."

"तो सब बुझ जाता है।"

"यही हुआ, दो जिस्मों को हमेशा के लिए बुझा दिया गया है। एक जिस्म बुझा-बुझा सा जेल में है।"

"इसमें किस जिस्म का क़सूर था?" तुमने पूछा।

"इसमें भी किसी का क़सूर होता है?" मैंने जवाब में सवाल किया।

"क्यूँ?"

"वो तो कई जिस्म रास्ता ढूँढ़ रहे थे..."

"कहाँ का?"

"एक दूसरे का...कि हादसा हो गया..."

"कैसे?" तुम शायद समझ के भी सवाल पूछे जा रही थीं।

"जिस्मों जिस्मों के बीच हादसा हो गया...एक रास्ते पर कई जिस्म आ गए...समझीं?"

"एक रास्ते पर कई जिस्म आ गए!" तुमने कहा।

हम दोनों बाहर देखने लगे। ऑफ़िस छूटने का वक़्त था। लोग झुके

हुए लैंपपोस्ट की तरह बस के लिए खड़े थे।

''पता है लोग ऐसे क्यूँ खड़े होते हैं?'' मैंने पूछा।

जवाब का इंतज़ार किए बिना मैं बोला, ''क्योंकि इनके जिस्म तन्हा हैं।''

''तुम देखकर ही पता कर लेते हो?''

''हाँ...बाहर से ही पता चल जाता है कि कैसा वक़्त चल रहा है... जिस्म का।''

''कैसे पता?''

''बस...तजुर्बेकार इंसान...''

''तजुर्बेकार जिस्म...'' तुमने मेरी बात को सही किया।

''हाँ तजुर्बेकार जिस्म देखकर ही भाँप लेता है...देखो ना कितने उदास जिस्म इंतज़ार कर रहे हैं बाहर...''

''बस का?''

''ना। जिस्म का।''

मैंने हाथ बढ़ाया। तुम मेरा हाथ पकड़ के उठ गईं।

जिस्म–विजेता!

8

वो साल शुरू हुआ तो तुमने पूछा, "इस साल क्या करोगे?"

याद नहीं कौन-सा साल था। जिस साल भी तुम्हारे साथ रहा, या तुम्हारा साथ रहा, मैं उसे किसी कैलेंडर के साल से याद नहीं करता। ऐसा लगता था मेरे जिस्म में—और शायद तुम्हारे भी—पूरे साल की याद थी। आज जो जिस्म लिये घूम रहा हूँ उनमें वो साल मौजूद थे।

"हमें मिले कितना वक़्त हो गया?" तुमने पूछा।

"हमारे जिस्मों पर लिखा है...," मैंने दोनों जिस्मों की तरफ़ इशारा किया।

"बहुत पुराना हो गया क्या?" तुमने अपने ही जिस्म की तरफ़ सर झुकाया।

"ना! लेकिन बदलता जाता है," मैंने कहा।

तो जिस के आने का जश्न दुनिया मना रही थी, वो हमें कुछ ख़ास नहीं लगा क्यूँकि हमारा कैलेंडर तो हम दोनों के बीच, हम दोनों पर और हम दोनों में ही था। लेकिन दुनिया जश्न मना रही थी तो हमें भी मौक़ा मिला दुनिया से दूर मिलने का।

"कितने जिस्म-वर्ष गुज़र गए, ये जायज़ा लेने का," मैंने कहा था।

"इस साल क्या करोगे?" तुमने पूछा।

"इस साल मैं जिस्म से बात करूँगा।"

"अब तक कैसे कर रहे थे?"

"अब भी कर रहा था...जिस्म ने जिस्म से बात की..."

"अब तक के जिस्म-वर्षों में भी..."

"लेकिन मैं भ्रम में रहा।"

"कैसा भ्रम?"

"मुझे लगता था कि मेरी ज़बान...," मैंने रुक के कहा, "यानि मेरे शब्दों में ही ताक़त है और मैं कुछ भी कह सकता हूँ।"

"तो नहीं है क्या?"

"है नहीं—ये जान लिया," मैंने कहा।

"कैसे?"

"करियर बेस्ट शब्द क्या हैं?" मैंने पूछा।

तुम चुप रहीं तो मैंने फिर कहा, "करियर बेस्ट...यानि सबसे ज़्यादा दिल खोल के कब कही अपनी बात?"

"जब तुमने कहा था मुझे प्यार है..."

"ना।"

"जब तुमने कहा था कि मुझे नफ़रत है।"

"ना।"

"जब तुमने अपनी ग़ज़ल लिखी थी।"

"ना।"

"तो फिर?"

"जब पैदा होकर चीख़े थे तब।"

"क्या?"

"हाँ...उसके बाद पूरी ज़िंदगी इससे ज़्यादा नहीं कहा..."

"पूरी ज़िंदगी?"

"हाँ...जब भी कोई बड़ी बात हो जाती है, शब्द रुक जाते हैं...चीख़ निकल जाती है।"

"जैसे?"

"बेइंतिहा दर्द...या बेइंतिहा ख़ुशी...दोनों में...," मैंने तुम्हें ग़ौर से देखा और मैं बोलता रहा, "और जब तुम पर बहुत प्यार आता है तब।"

"जब बहुत प्यार होता है।"

"जब बहुत प्यार करते हैं।"

"समझी...जब शब्द रुक जाते हैं," तुमने सर उठा कर मुझे देखा। कान से कान तक तुम्हारा चेहरा लाल था।

"तो इस साल मैं अपने जिस्म से यानि अपने जिस्म के ज़रिए से बात करूँगा। क्यूँकि इस दुनिया का हर इंसान एक जिस्म लिये घूम रहा है।"

"अपना-सा जिस्म...," तुमने कहा।

"हाँ अपना-सा जिस्म लिये घूम रहा है...और जिस्म की बात को जिस्म ही समझ सकता है।"

"तो ये इस साल का टारगेट है?"

"हाँ टारगेट से ज़्यादा करूँगा," मैंने कहा।

बंद खिड़की से तेज़ गाने की आवाज़ छन-छन कर आ रही थी। और लोग इतना झूम के और टूट के नाच रहे थे कि लगता था पूरी कायनात नाच रही है। नाचने वालों की चीख़, कूदते हुए क़दमों की धमक से ऐसा कंपन हो रहा था कि लगता था दरवाज़े खुल जाएँगे।

हम दोनों बाहर आकर नाचने वालों से ज़रा दूर लेकिन अलाव के पास खड़े हो गए।

"नाच देखो..."

"देख रही हूँ।"

"हर जिस्म कुछ कहता है।"

"हूम्म्म्..."

दोनों जिस्म डांस फ़्लोर से दूर थे लेकिन हल्की-हल्की हरकत अंदर से शुरू हो गई थी।

"हर जिस्म अपनी-अपनी तर्ज़ पर नाच रहा है," तुमने कहा।

"और सामने वाले जिस्म से कुछ कह रहा है।"

"और आस-पास वाले जिस्मों से भी।"

"इस तेज़ नाच में बहुत कुछ कहा–सुना जा रहा है...समझने वाले जिस्म समझ रहे हैं..."

"जो ना समझे वो अनाड़ी है..." तुमने कहा।

"जिस्म कभी नासमझ नहीं होता। जिस्म हमेशा जिस्म की बात पकड़ लेता है। अब कोई अपने जिस्म की हीं ना सुने तो कोई भी जिस्म क्या करे।"

मेरी बात के बाद चुप्पी रही। हम संगीत सुनते रहे।

फिर तुमने कहा, "सामने देखो, डांस फ़्लोर पर बहुत सारे जिस्म बहुत तरह से अपनी बात कहने की कोशिश कर रहे हैं।"

"और बहुत सारे जिस्म बात का जवाब भी दे रहे हैं," मैंने कहा।

नाचने वालों की तादाद बढ़ती गई। कुछ डांस फ़्लोर हमारी तरफ़ बढ़ता आया, कुछ हम डांस फ़्लोर की तरफ़। फिर जाने कैसे दोनों जिस्म इस तरह से बँध के नाचे कि लगा जैसे बाक़ी सब हमारे चारों तरफ़ नाच रहे हैं।

बहुत तेज़ नाच था। बहुत तेज़ शोर था।

नाचते-नाचते मैंने चीख़कर तुम्हारे कान में कहा, "इतने जिस्म नाच रहे हैं इतने ज़ोर से कि लगता है आग लग जाएगी!"

"चारों तरफ़ आँच है...," तुमने कहा।

"नाच में आँच!" मैंने चीख़कर कहा...लेकिन ये चीख़ सबको सुनाई दी क्यूँकि बस एक लम्हा पहले संगीत एकाएक रुक गया था। तेज़ संगीत के बाद तेज़ सन्नाटा और एक चीख़–"नाच में आँच!"

ऐसा लगा जैसे ये बात गूँज-गूँज कर लौट रही हो।

"नाच में आँच!"

"नाच में आँच!"

"नाच में आँच!"

मैं तुम्हें देख रहा था। सब मुझे देख रहे थे। या मुझे लगा कि सब मुझे देख रहे हैं। फिर मैं डर के तुम में छुप गया।

पीठ पर किसी ने हाथ रखा तो आँख खोल कर तुम्हारे जिस्म से अलग हुआ। किसी ने एक रूमाल जैसा काग़ज़ का टुकड़ा पकड़ा दिया। दो जिस्मों के नाच के लिए एक रूमाल जितना टुकड़ा!

काग़ज़ के हर टुकड़े पर दो जिस्म खड़े हो गए—सहारा देकर और सहारा लेकर। एलान हो गया। इस टुकड़े से बाहर नाचने वाले नाच से बाहर हो जाएँगे।

संगीत शुरू हुआ तो लगा आग को आग लग गई। जिस्म और जिस्म, कान और मुँह के बीच इतना फ़ासला नहीं था कि चिल्लाना पड़ता।

"जिस्म इतना पास है कि बात की भी जगह नहीं," मैंने कहा।

"और ना ही गुंजाइश," तुमने कहा।

"इतना पास आकर तो जिस्म जिस्म से सीधे बात कर लेता है," मैंने कहा।

शुक्र था कि बात पूरी होने के बाद संगीत बंद हुआ। दोनों जिस्मों ने आसपास देखा तो दुनिया काफ़ी बदली-बदली सी थी। बहुत से जिस्म नाच से बाहर हो चुके थे।

अब रूमाल बराबर टुकड़े को भी आधा कर के बिछा दिया गया। फ़्लोर पर बचे हुए जिस्म सहारा बनके खड़े हो गए।

संगीत शुरू हुआ तो लगा काग़ज़ के टुकड़े पर दो जिस्म नहीं, एक ही है। तेज़ संगीत के बीच मैंने धीमे से पूछा, "ये जिस्म किसका है?"

"पता नहीं," तुमने कहा।

इतनी ही जगह थी कि दोनों जिस्म बिल्कुल एक तरह से नाचें। अलग नाचने की कोशिश में कई जिस्म खेल से बाहर हो चुके थे।

"प्रेम गली अति साँकरी," मैंने कहा।

"जामे दो न समाहि।"

संगीत रुका तो कुछेक जिस्म ही बचे थे। काग़ज़ को एक बार फिर

मोड़ा गया। अब इतना छोटा था कि दोनों जिस्म पंजों पर ही खड़े थे। कुछ कुछ 'बैले डांसर' की तरह।

अबकी बार तेज़ संगीत नहीं बजा। हल्के धीमे संगीत पर जिस्म कमज़ोर पेड़ों की तरह लहराने लगे।

"आगे भी जाने न तू...
पीछे भी जाने न तू...
जो भी है...बस यही इक पल है।"[6]

गीत बजता रहा।

"अनजाने सायों का राहों में डेरा है,
अनदेखी बाँहों ने हम सबको घेरा है,
ये पल उजाला है, बाक़ी अँधेरा है,
ये पल गँवाना ना, ये पल ही तेरा है।"[7]

"जिस्म को जिस्म पर छोड़ दो," मैंने कहा।
"और दोनों जिस्मों को वक़्त पर," तुमने कहा।

'वक़्त' की धुन पर दोनों जिस्म चलते रहे।

"जीने वाले सोच ले,
यही वक़्त है पूरी कर ले आरज़ू,
आगे भी..."[8]

एक दम से संगीत रुका और तालियों की तेज़ आवाज़ ने जिस्मों को रोका। पूरे फ़्लोर पर सिर्फ़ हम ही दो जिस्म!

"जिस्म-विजेता!" तुमने मुझसे कहा।

---

6. 'वक़्त' फ़िल्म का गीत। 7. 'वक़्त' फ़िल्म का गीत। 8. 'वक़्त' फ़िल्म का गीत।

आशिक़ है तो पूरे जिस्म से देख!

9

'जिस्म का जिस्म से झगड़ा कब शुरू हुआ था?' मैं सोचता रहा।

जिस्मों की बात कब शुरू हुई, ये तो याद था लेकिन ये बात टूटी कब?

तुम सामने आकर बैठ गई थीं। मैं ख़ाली-ख़ाली निगाहों से देखता रहा।

तुमने मेरे चेहरे के आगे हाथ हिलाकर कहा, "हैलो...हैलो...मैं हूँ..."

मैंने झेंप कर कहा, "सॉरी...उजाले में पहचान नहीं सका।"

मुँह से निकल गया और अग़ल-बग़ल के लड़के-लड़की मुझे देखने लगे। और फिर तुम्हें। और फिर बारी-बारी से मुझे और तुम्हें।

"उठो," तुमने कहा।

हम दोनों कैफ़े से बाहर आ गए। "बदतमीज़! उजाले में पहचान नहीं सका!" तुमने टैक्सी में बैठते ही नक़ल की।

"तुम्हें तो पता है कपड़ों और उजालों में मैं पहचान नहीं पाता।"

एक रात जब तुम्हारे कमरे में घुसते ही मैंने बत्ती बुझा दी तो तुमने पूछा था, "ऐसा क्यूँ करते हो?"

"ताकि तुम्हें देख सकूँ," मैंने कहा।

फिर बहुत पास आकर मैंने कहा, "एक बार तुम्हारे घर दिन में आया

तो रास्ता भटक गया।"

"कैसे?"

"रातों को ही आया था, उजाले में दिखा ही नहीं।"

"कितनी अजीब बात करते हो। तुम्हें उजाला नहीं दिखता?"

"हाँ। अँधेरे में साफ़ दिखता है," मैं कहता रहा, "जैसे बता दूँ इस वक़्त कि तुम पूरे जिस्म से ख़ुश हो।"

एक लम्हे की ख़ामोशी के बाद तुमने कहा, "कहीं पढ़ा था...दिल्ली के किसी गाँव की तरफ़ की बात है। वहाँ की एक औरत ने कहा कि जब से पक्की सड़क बनी है रास्ता ढूँढना मुश्किल हो गया है।"[9]

"सड़क बन गई, रास्ता गुम हो गया," मैंने कहा।

"हाँ..."

"मन की आँखें होती हैं, तन की भी होती हैं...," मैंने कहा।

"यानि चेहरे पर जो लगी हैं दो...उनके अलावा भी?" तुमने कहा।

"हाँ, आशिक़ तो पूरे जिस्म से देखता है।"

"इसीलिए बिना सड़क के रास्ता ढूँढ़ लेता है," तुमने कहा।

मैंने अँधेरे में ही उस कोने की तरफ़ इशारा किया जहाँ हमारे लिबास हमारी ही तरह एक साथ थे।

"पक्की सड़क बनते ही रास्ता मुश्किल हो जाता है," मैंने कहा।

"कपड़े समझ पे पर्दा डाल देते हैं!" तुमने कहा।

कॉरबेट में वर्कशॉप थी। मैं, तुम और कुछ लोग और। लेकिन मुझे उनके नाम याद नहीं। शक्ल भी याद नहीं। यादों में सिर्फ़ हम दोनों के चेहरे 'फ़ोकस' में थे बाक़ी 'आउट ऑफ़ फ़ोकस' थे।

ट्रेनर ने पहले दिन ही हमें एक सी टी-शर्ट दी।

"ये क्यूँ?" तुमने पूछा था।

"कपड़ों से आप दूसरों के बारे में 'इंप्रेशन' बना लेते हैं। अच्छे कपड़ों

---

9. "जब से पक्की सड़क बनी है महरौली से मुनीरका का रास्ता नहीं मिला।" पर्सीवल स्पीयर की किताब 'डेल्ही-इट्स मान्युमेंट्स एंड हिस्ट्री' (ऑक्सफ़ोर्ड इंडिया पेपर बैक्स) के प्राक्कथन में इतिहासकार नारायणी गुप्ता ने ये ज़िक्र किया है।

से अच्छा, बुरे से बुरा। अच्छे कपड़ों में कोई बुरी बात कहे तो भी अच्छी लगती है। बुरे कपड़ों में अच्छी बात बुरी लगती है," मैंने धीमे से समझाया था।

"ओह! यानि कपड़े समझ पे पर्दा डाल देते हैं," तुमने कहा।

"हाँ! बिल्कुल साफ़-साफ़ समझना हो किसी को तो बिना कपड़ों के बात होनी चाहिए।"

मेरी बात सुन कर तुमने मेरे जूते को अपनी चप्पल के नीचे दबा दिया। पता नहीं क्या मतलब था इसका। मेरी बात ठीक लगी या ठीक नहीं लगी। लेकिन तुम्हारा पाँव 'टी-ब्रेक' तक वहीं रहा।

चाय के बाद ट्रेनर ने ग्रुप को कई टुकड़ों में बाँट दिया। इत्तिफ़ाक़ से हम दोनों फिर साथ आ गए।

"अब आप पाएँगे एक दूसरे का कॉनफ़िडेंस...विश्वास," ट्रेनर ने एलान किया।

मेरी आँख पर पट्टी बाँध दी गई। तुम्हारी आँखें खुली हुई थीं। और तुम्हारी जिम्मेदारी थी मुझे कमरे के एक छोर से दूसरे छोर तक ले जाने की। तुमने पीछे से मेरी पीठ पर दोनों हाथ रखे। एक तरह से मेरे 'स्टीयरिंग व्हील' को काबू में किया।

"बस उस दिन से हमने पूरा जिस्म हवाले कर दिया!" मैंने बाद में बताया था तुम्हें।

"कैसे?"

"उस दिन ऐसा चला मैं जैसे पहले कभी नहीं चला...लगा जैसे ये जिस्म मेरा है ही नहीं...तुम्हें सौंप कर फर्राटे से चल पड़ा था जिस्म।"

"और याद है उसके बाद क्या हुआ था?"

"उसके बाद..."

उसके बाद 'ट्रेनर' ने तुम्हारी आँख पर पट्टी बाँध दी। अबकी बार

मैंने रास्ता दिखाया था।

''हाथों की हरकत से और कभी-कभी सिर्फ़ कंपन से मैं तुम्हें रास्ता दिखा देता,'' मैंने कहा।

''कभी-कभी तो इसके बिना भी मैं रास्ता समझ जाती...''

''वो कैसे?''

''याद है...रास्ते में छोटी टेबल थी और तुम मुझे रोकना भूल गए थे...''

''तो तुम टकरा गई थीं?'' मैंने याद करने की कोशिश की।

''नहीं...टेबल से ठीक पहले मैं रुक गई थी।''

''याद आ गया...मेरा ध्यान भटक गया था...तभी टेबल आ गई। हाथों की हरकत से रोकने का वक़्त भी नहीं बचा...साँस रुक गई कि बस अब तुम टकराईं, अब तुम टकराईं...लेकिन ऐन पहले तुम रुक गईं...कैसे? समझ नहीं आया। और तुम ऐसे एकाएक रुकीं कि मैं टकरा गया...तुम से। पट्टी तुम्हारी आँखों पर थी और टकराया मैं! रुकीं कैसे तुम?''

''साँसों से।''

''किसकी?''

''रास्ते-भर तुम साँस लेते रहे...''

''पहले भी साँस ले रहा था और उसके बाद अब तक ले रहा हूँ...''

''रास्ते-भर तुम साँस लेते रहे और साँस मेरी गर्दन से टकरा के लौटती रही। गर्म-गर्म। साँस आती रही। मैं समझती रही कि मैं सही जा रही हूँ।''

''तो रुकीं कैसे?''

''एकाएक साँस की लौ थम गई...लगा तुम्हारी साँस रुक गई...और फिर मैं रुक गई।''

''तो ऐसे शुरू हुआ साँसों से राहों का रिश्ता।''

'क्या बात है...' मैंने सोचा, 'तुमसे मिलने से पहले साँस लेते बरसों हो चुके थे लेकिन साँसों से राहों का रिश्ता नहीं मिला था।'

जिस्मों की बात!

10

वर्कशॉप के बाद शाम को कुछ अलग-सा प्रोग्राम था।

पूरे ऑफ़िस के कई सौ लोग एक बड़े हॉल में जमा हो गए। घुप्प अँधेरे में हम दोनों साथ-साथ बैठ गए। हर एक की गोद में एक नगाड़ा था।

स्टेज पर स्पॉटलाइट रोशन हुई और बड़े-बड़े पत्ते पहने हुए एक इंसान बड़ा-सा नगाड़ा लिये सामने आ गया।

''हम-आप आज शाम एक ही ताल से जुड़ जाएँगे,'' वो बोला, ''मेरे साथ बजाइए।''

''डा,'' उसने बजाया।

''डा,'' हमने बजाया।

ताल तेज़ हुई।

''डा डा''

''डा डा।''

''डा डा डा।''

''डा डा डा।''

''डा डा डा डा डाऽऽऽ डा,'' उसका नगाड़ा बोला।

''डा डा डा डा डाऽऽऽ डा,'' हम तुम और पूरा हाल गूँजा।

''डा डा डा डा डाऽऽऽ,'' उसने बजाया।

"डा डा डा डा डाऽऽऽ," हमने बजाया।
"डा डा डा डाऽऽऽ।"
"डा डा डा डाऽऽऽ।"

इतना शोर कि जिस्म नगाड़े की तरह कांपने लगा।
स्पॉटलाइट पूरे हाल में घूमने लगी।

"डा डा डा डाऽऽऽ।"
"डा डा डा डाऽऽऽ।"
"डा डा डा डाऽऽऽ।"
"डा डा डा डाऽऽऽ।"

कई सौ लोगों का नगाड़ा तेज़ और तेज़ होता गया। और फिर एक गरज के साथ शांत हुआ।

"डाऽऽऽ।"

"अब जो भी आपके बाईं तरफ़ है उसकी पीठ को 'मसाज' करें... नगाड़े की ताल पर," स्टेज से आवाज़ आई।

मैं बाईं तरफ़ मुड़ गया और तुम्हारी पीठ दबाने लगा।

एकाएक स्पॉटलाइट हम पर आ गई।

"ऐसे नहीं। नगाड़े की ताल पर," पत्तों में लिपटे हुए इंसान ने कहा।

"डा डा।"

मैंने कंधों को दबाया, "डा डा।"

"डा डा डा"

मैंने दबाया, "डा डा डा।"

"डा डा डा डाऽऽऽ।"

ताल तेज़ होती गई। जैसे स्टेज पर उसका हाथ नगाड़े पर था वैसे ही मेरा तुम पर।

"डा डा डा डाऽऽऽ।"

"डा डा डा डाऽऽऽ।"
तेज़! और तेज़!
और फिर गरज के साथ—"डाऽऽऽ!"

मैं पसीने से चूर हो गया।

"एक बार फिर!" पत्तों वाले इंसान ने कहा।

हम दोनों चुपचाप भीड़ से बचते-बचाते बाहर आ गए।
पीछे-पीछे आवाज़ आती रही।

"डा डा डा डाऽऽऽ डा।"
"डा डा डा डाऽऽऽ डा।"

बाहर पहाड़ी की मुंडेर पर हम दोनों पास-पास बैठ गए।

हवा तेज़ चलने लगी या कि हमें ऐसा लगा कि हवा तेज़ चल रही है।

दोनों और पास हो गए।

"डा डा डा डाऽऽऽ डा।"
"डा डा डा डाऽऽऽ डा।"
आवाज़ दूर से आ रही थी लेकिन लगता था दिल उसी ताल पर धड़क रहा है।
"डा डा डा डाऽऽऽ डा।"
"डा डा डा डाऽऽऽ डा।"

"उसने पत्ते क्यों पहने हुए थे?" तुमने पूछा।
"कपड़े समझ पर पर्दा डाल देते हैं," मैंने कहा।

"डा डा डा डाऽऽऽ डा।"
"डा डा डा डाऽऽऽ डा।"

हम ऊपर आसमान के साफ़-साफ़ तारों को देखते रहे। कभी नीचे की वादी में नींद में टिम-टिम करते शहर को देखते रहे। लगता था ऊपर तारे रोशन हैं और नीचे भी।

"सब नगाड़े की ताल पर टिमटिम कर रहे हैं," तुमने कहा।
"डा!"
"डा!"
"डा डा!"
"डा डा!"
"डा डा डा!"
"डा डा डा!"
"डा डा डा डाऽऽऽ डा!"
"डा डा डा डाऽऽऽ डा!"
"डा डा डा डाऽऽऽ डा!"
"डा डा डा डाऽऽऽ डा!"
तेज़! और तेज़!
और फिर बहुत तेज़ कंपन।
"डा!"

उस रात समझ से पर्दा उठा तो ज़मीन-आसमान का फ़र्क़ ही मिट गया। जिस्म के पार जो दिख रहा है वो टिम-टिम करता शहर था या टिम-टिम करते तारे–कहना मुश्किल था। तारों को खोज रहा हूँ या वादी में झाँक रहा हूँ–सब एक-सा था। ताल दिल की थी या दूर की–एक सी थी।

"तारों ने हमेशा रास्ता दिखाया है इंसान को।"
मैं अब तारों की तरफ़ मुँह किए लेटा था।

"आज भी," तुमने कहा और मुझे फिर से छू लिया।
"तारों को साक्षी मान कर...," मैंने कहा।

बहुत दूर और बहुत पास की ताल।
"डा!"
"डा!"
"डा डा!"
"डा डा!"
"डा डा डा!"
"डा डा डा!"
"डा डा डा डाऽऽऽ डा!"
"डा डा डा डाऽऽऽ डा!"
"डा डा डा डाऽऽऽ डा!"
"डा डा डा डाऽऽऽ डा!"
"डा!"

ऐसे शुरू हुई थी जिस्मों की बात।
और फिर ये बात ज़िंदगी का हिस्सा बन गई।

लेकिन ये बात टूटी कब?

मैं तेज़ी से दौड़ते शहर में जवाब ढूँढ़ने लगा।

धक धक...ख़ाली...धक धक...

11

घंटी बजी तो फ़ोन उठाया।

"धक-धक...धक-धक...धक-धक..."

मैंने फ़ोन रख दिया।

फिर फ़ोन आया।

"धक-धक...धक-धक...धक-धक..."

मैंने सुन के फिर काट दिया।

तीसरी बार फ़ोन आया तो तुम्हारी आवाज़ आई।

"धड़कन नहीं पहचानते?" तुमने पूछा।

"वो बस..."

"तो कल रात जो धड़कन गिन रहे थे वो झूठ था?"

उस रात झूठ तो कुछ भी नहीं था।

"हमारा दिल तो बिल्कुल एक तरह से धड़कता है," तुमने कहा।

"सबका धड़कता है," मैंने कहा।

"ना, देखो!" तुमने मेरा एक हाथ अपने दिल पर रखा और दूसरा मेरे दिल पर।

अजीब-सा मंज़र था। तुम्हारा भी एक हाथ मेरे दिल पर था, दूसरा

अपने दिल पर।

“देखो...सुनो...एक दो..एक दो...,” तुमने कहा।

“बाबा दुनिया के सारे दिल ऐसे ही एक दो, एक दो कर के धड़क रहे हैं,” मैंने कहा।

“ना...सुनो...बिल्कुल एक वक़्त में...ताल मिला के।”

“हाँ। सबकी ताल मिली हुई है।”

“ना! आपकी और मेरी है...एक, दो, ख़ाली, एक दो, ख़ाली।”

“तो बाक़ी...”

“बाक़ी किसी का एक दो हमारे एक दो से आगे, किसी का एक दो वहाँ जहाँ हमारा ख़ाली...”

मैं वाक़ई दोनों हाथों से सुनने लगा।

एक दो...ख़ाली...एक दो...।

“वाक़ई ये तो बिल्कुल एक साथ धड़क रहे हैं,” मैंने कहा, “न ज़रा आगे, न ज़रा पीछे।”

“यही तो कह रही हूँ।”

“क्या ये दोनों एक ही वक़्त में शुरू हुए थे?”

“ना। कहीं आकर ताल मिल गई,” तुमने कहा।

धक-धक...ख़ाली...धक-धक...ख़ाली।

हम सुनते रहे—जैसे कोई महफ़िल हो।

“यहीं से संगीत शुरू हुआ था,” तुमने जैसे मेरे ख़्याल को सुनकर कहा।

मैं धड़कन सुनता रहा।

धक-धक...ख़ाली...धक-धक...ख़ाली...।

"यही तो पहली आवाज़ थी जिसे सुनकर इंसान को ज़िंदगी का अहसास हुआ होगा...," तुमने कहा।

"अपनी और अपनों की," मैंने कहा।

कमरे में ख़ामोशी थी। अँधेरा था। हाथों से धक-धक महसूस कर रहा था। कानों से साँस।

एक दो...ख़ाली...एक दो।

"धड़कन और साँस...यही ताल तो सुनी होगी सबसे पहले...फिर दुनिया की हर आवाज़ में इसे ढूँढ़ा होगा," मैंने कहा।

हम दोनों सुनते रहे। जैसे दुनिया के पहले इंसान हों।

लम्हा गुज़र गया या रात—पता नहीं।

"सारे जानवर प्यार करते हैं," मैंने कहा।

"हाँ, करते हैं," तुमने कहा।

"मेरा मतलब...जिस्मानी..."

"हाँ, वो भी," तुमने कहा।

"लेकिन कुछेक ही होंगे जो आँख से आँख मिला के...साँसों को गिन के...धड़कन चाहें तो सुन के..."

"इंसान!" तुमने कहा।

"हां, इंसान और कुछेक।"

"बिल्कुल आमने-सामने।"

"आमने-सामने।"

धक-धक...ख़ाली...धक-धक...।

साँस और दिल तेज़ चल रहे थे लेकिन साथ-साथ।

“तो कल जो धड़कन गिन रहे थे वो सब झूठ था...ख़ैर,” तुमने थोड़ा रुक कर कहा, “मैंने ये बताने के लिए फ़ोन किया था कि नासा ने स्पेस में कुछ आवाज़ें भेजी हैं...”

“अच्छा!“

“इसमें हमारे दिल की धड़कन भी है...”

“हमारी?”

“यानि इंसान की...ताकि कोई चाहे तो पहचान ले और समझ ले।”

“इतना दूर?” मैंने कहा।

“हाँ...पर बेकार भेजी...”

“क्यूँ?”

“जब पास वाले नहीं पहचानते तो दूर वाले क्या...।”

डूबता हुआ
जिस्म
और ऊबता हुआ जिस्म!

12

मेरी गाड़ी उस अपार्टमेंट के सामने से गुज़र रही थी जहाँ की ये बात है। जहाँ की ये याद है।

"इंसान अपना कैनवस इतना बदलता क्यूँ है?"

"जैसे?" मैंने अँधेरे-अँधेरे में ही पूछा।

"हर रोज़ जिस्म पर कोई नया रंग, हर रोज़ जिस्म की कोई नई अदा। कैफ़े में आज वो लड़की देखी?"

"कौन?" मैंने पूछा।

"वही जिसकी आँखों में ही सात रंग का मेक-अप था...जिसे तुम टी. वी. देखने के बहाने देखे जा रहे थे। क्यूँ किया ऐसा?"

"मैंने नहीं देखा," मैंने कहा।

"ओफ़्फ़। तुमने नहीं...उसने ऐसा क्यूँ किया। कैनवस पर इस रंग की क्या ज़रूरत थी।"

"वो उसकी जुबान थी। इंसान जो कहना चाहता है कैनवस में भर लेता है।"

"और तुम आँखों में।"

इसका मैंने जवाब नहीं दिया।

उस रात जिस्म ने हाथ क्यूँ नहीं बढ़ाया?

जिस्म जिस्म के लोग

दो जिस्म ख़ामोश पड़े थे। अपने-अपने में।

'आज अँधेरे में अँधेरा ही है,' मैंने सोचा।

ख़ामोशी में एक थर्राहट-सी थी। जैसे दिल का कंपन बाहर आ रहा हो। माहौल भारी होना इसी को कहते हैं, शायद।

कुछ डूब रहा था उन दिनों।

गाड़ी अपार्टमेंट को पार कर के शॉपिंग कॉम्पलेक्स के सामने से गुज़र रही थी। शीशे की दीवार के पार आज भी कई लोग कॉफ़ी पी रहे थे। जैसे हम पिया करते थे।

"आज मैंने एक एक्सपेरिमेंट किया।"
"क्या?" तुमने कप नीचे रख के पूछा।
"एक ही एस एम एस पाँच लड़कियों को किया।"
"क्या?" तुमने ज़ोर से कहा।
"हाँ!"
"क्यों?"
"एक्सपेरिमेंट तो एक्सपेरिमेंट होता है। उसका ज़िंदगी से क्या ताल्लुक़," मैंने कहा।
"हर एक्सपेरिमेंट ज़िंदगी के लिए होता है," तुमने कहा, "बताओ ये वाला किसकी ज़िंदगी के लिए किया।"
"बस यूँ ही," मैंने कहा।
"बस यूँ ही कुछ नहीं होता," तुमने कहा।
"एक जुमले का अलग-अलग मायने भी निकाल सकते हैं लोग...यही मैं समझ रहा था।"
"क्या समझे?" तुमने कहा।
"एक जुमले का अलग-अलग मायने निकाल सकते हैं लोग...यही

समझा,'' मैंने बताया।

''हूम्मम्...। क्या पूछा तुमने?''

''मैंने पाँचों को मैसेज भेजा कि कितना अच्छा मौसम है!''

''ये मैसेज तो मुझे भी आया।''

''हाँ, उन में आप भी हैं।''

''मुझ पर भी एक्सपेरिमेंट?''

''ना ना। आप तो अपनी ही हैं। आपका जवाब मुझे पता था। मैं औरों को देखना चाहता था...''

''तो तुमने सबको लिखा 'कितना अच्छा मौसम है'...''

''हाँ।''

''क्या जवाब मिला?''

''तीन का जवाब लगभग एक-सा था...''

''क्या?''

''कॉफ़ी पिएँ?''

''यही तो मेरा जवाब था,'' तुमने कहा।

''हाँ...बाक़ी दो का भी यही था।''

''अजीब इंसान हो। जब उनके साथ कॉफ़ी नहीं पीनी तो उनको मैसेज क्यूँ भेजा?''

''ये समझने के लिए कि क्या दिल के हाल के मुताबिक़ लोग मैसेज पढ़ लेते हैं?''

''ये तो है।''

''मैंने तो मौसम बताया था...उन्होंने कॉफ़ी के लिए क्यूँ बुलाया?''

''तुम कैमिस्ट्री का फ़ार्मूला भेजते तब भी यही जवाब आता।''

''क्यूँ?''

''क्यूँकि ये तीनों तुमसे मिलना ही मिलना चाहती थीं,'' तुमने कहा।

ज़रा देर के लिए दोनों चुप हो गए।

फिर तुमने पूछा—''बाक़ी दो ने क्या कहा?''

''एक ने कहा—

ओ पिछली रुत के साथी,
अब के बरस मैं तन्हा हूँ।''[10]

तुमने कप रख दिया। बाहर आसमान देखा, शीशे की टेबल पर अपना अक्स देखा और देखती रहीं।

''दूसरी ने ब्लैंक मैसेज भेजा। उसमें कुछ नहीं था,'' मैंने बता दिया।

''सबसे ख़तरनाक यही था,'' तुम्हारे अक्स ने कहा।

मैं तुम्हारे अक्स को देख रहा था। तुम भी अपने अक्स को देख रही थीं।

''तुम अपनी ज़िंदगी से तजुर्बे कर रहे थे या मेरी ज़िंदगी से,'' तुम्हारे अक्स ने कहा।

किसी के तेज़ी से उठने की आवाज़ आई तो हम दोनों ने उस तरफ़ देखा।

मैं कुछ बोलता उससे पहले ज़ोर से कैफ़े का दरवाज़ा बंद हुआ और एक लड़की तीर की तरह बाहर निकल गई।

मैंने टेबल की तरफ़ देखा तो लड़का ख़ाली सीट को ताक रहा था।

''इतना लड़ते क्यूँ हैं?'' तुमने पूछा।

''अपने आप से लड़ते हुए चली गई,'' मैं बोला।

''यानि!''

''लड़ने की कोई बात ही नहीं थी फिर भी लड़ पड़ी।''

''कैसे पता?'' तुमने पूछा।

''बस सुन रहा था,'' मैंने कहा।

तुमने एक चपत मेरे हाथ पर लगाई।

''गंदी बात। बड़ों की बातें नहीं सुनते।''

''बहुत सीखने को मिलता है बड़ों की बात रो।''

''क्या सीखा?'' तुमने आगे झुक कर पूछा।

''यही कि लड़की अपनी उम्र से लड़ते हुए चली गई।''

''अच्छा!''

---

10. नासिर क़ाज़मी का शेर

"हाँ...कोई बात थी नहीं...," मैंने हाथ के इशारे से दो कॉफ़ी का ऑर्डर दे दिया।

"वो बेचारा सिर्फ़ एक मॉडल की तस्वीर दिखा रहा था," मैंने कहा।

"क्या कह रहा था?"

"क्या ग़ज़ब की आँख है, 'फ़िगर' देख...कूल!"

ज़ोर की आवाज़ आई कुर्सी खिंचने की।

लड़की से भी ज़्यादा तेज़ी से लड़का बाहर चला गया।

मैंने उसकी टेबल से मैगज़ीन उठा ली। तस्वीर खोलकर सामने रख दी।

"कूल!" मैंने कहा।

"उसने क्या कहा?"

"लड़की सुनती रही, सुनती रही, सुनती रही..."

"क्या बोली?"

"डैम इट! उसी के पास जाओ...और जिस तरह से गई वो तुमने देखा ही।"

"हूम्म्।"

"ये भी कोई बात थी। तारीफ़ इसकी हो रही थी," मैंने तस्वीर दिखाई, "बुरा आप मान गईं।"

"हूम्म्।"

"पता है क्यूँ?"

"पता है!"

"क्या?" मैंने पूछा।

तुमने तस्वीर को देखा।

"ये तस्वीर आती हुई उम्र की है और वो लड़की जाती हुई उम्र की।"

"हाँ। वो लड़के से नाराज़ नहीं थी। अपनी उम्र की रफ़्तार से नाराज़ थी। जाती हुई उम्र पर बहुत ज़ोर का गुस्सा आता है। नहीं?"

मैंने हँस के तुम्हारी तरफ़ देखा तो मंज़र कुछ और ही था। तुम आँख बंद कर के सर झुकाए बैठी थीं।

"क्या हुआ?"

"कुछ नहीं।"

तुमने बैग उठाया और बाहर निकल गईं। मैं तस्वीर को और ख़ाली कुर्सी को देखता रह गया।

कैफ़े पीछे छूट गया। लेकिन याद पीछा करती रही। शहर पर अँधेरा छा रहा था। अँधेरे में अँधेरा याद आ गया।

जिस्म ख़ामोश थे और बिल्कुल अलग-अलग।

'आज अँधेरे में भी रास्ता नहीं सूझ रहा,' मैंने सोचा।

"क्या हुआ?" तुमने पूछा।

"कुछ नहीं," मैंने जवाब दिया।

"पाँचों को याद कर रहे हो क्या?"

मैंने इस बात का जवाब नहीं दिया। बात बदल कर कहा, "ना। मेरा डूबता हुआ जिस्म है।"

"नहीं। तुम्हारा ऊबता हुआ जिस्म है!"

तुमने लैम्प जला दिया और पूरी चादर ओढ़ कर उठ गईं।

जिस्म-वर्ष

13

"तुम्हारी मुस्कान से चेहरे पे ये लकीरें बनती हैं...," मैंने लकीर को छुआ।

"वही आँसुओं का रास्ता बनती हैं," मैंने आहिस्ता-आहिस्ता बात को पूरा किया।

"तुम हँसती हो तो होठों से गाल तक...बिल्कुल ऊपर तक हँसी खिंच जाती है...," मैं कहता रहा, "और जब रोती हो तो उसी राह से आँसू नीचे चले आते हैं।"

"ख़ुशी से आँसुओं का रास्ता बनता है," तुमने कहा, "जिससे सुख है, उससे दुख है।"

तुम मुस्कुराईं तो आँसुओं को और साफ़ रास्ता मिल गया नीचे आने का।

"अजीब बात है...लड़कियाँ रोना-हँसना एक साथ कैसे कर लेती हैं... ।"

मेरे हाथ की लकीरों पर आँसू जमा होते रहे।

मैंने हाथ बढ़ा कर बत्ती बुझा दी।
"अँधेरे में सब कुछ कितना साफ़ दिखता है," मैंने कहा।
"अँधेरे में न दूरियाँ हैं, न दुनिया," तुमने कहा।

फिर तुमने पूछा, ''सन्नाटे में और अँधेरे में लोग वक़्त कैसे जानते हैं?''

''साँस से...''

''वक़्त गुज़रने का पता चलता है...वक़्त का नहीं।''

''ओ! टाइम? वो तारों से।''

''और सन्?''

''सन्? तन से,'' मैं बोला।

''किसके तन से?''

''अपने नहीं...दूसरे के।''

''सबके जिस्म से?''

''नहीं। जो क़रीब के होते हैं ना...उनसे,'' मैंने कहा।

थोड़ी ख़ामोशी के बाद तुमने पूछा–''मुझसे?''

''हम दोनों एक दूसरे के रिकॉर्डकीपर हैं।''

''रिश्ते की उम्र के या अपनी?''

''दोनों!'' मैंने कहा।

''कितनी उम्र लिखी है?'' तुमने पूछा।

''तक़दीर में?''

''ना...''

''जिस्म पे?''

''हाँ।''

''जब से मिले तब से बता सकता हूँ।''

''बताओ?'' तुमने मेरी तरफ़ करवट लेकर कहा।

''जब मिला था तब से बहुत वर्ष गुज़र गए,'' मैंने कहा।

''जिस्म-वर्ष,'' तुमने अपनी तरफ़ गर्दन झुका कर कहा।

''सूरज के उगने न सूरज के ढलने से,
वक़्त बदलता है जिस्मों के बदलने से।''[11]

मेरी आँखें बंद थीं और मैं सिर्फ़ उँगलियों से देख रहा था।

11. मेरा ही शेर है।

'क्या हम दोनों एक ही बात सोच रहे थे...'

कुछ ही दिन पहले हम लाल क़िले के पीछे से गुज़र रहे थे। मैं गाड़ी चला रहा था। तुम थीं बग़ल में। और लाल क़िला तुम्हारे बग़ल में।

"जहाँ सड़क है वहाँ नदी बहा करती थी," तुमने बताया।

"हाँ...नदी ने रास्ता बदल लिया," मैंने कहा।

"बिल्कुल क़िले की दीवार से लग के नदी बहती थी।"

"अब नदी दूर बहती है...यहाँ रेत रह गई होगी?" मैंने कहा।

"नदी चली गई तो कैसा लगा होगा?" तुमने कहा।

"जैसे उम्र चली जाए और जिस्म रह जाए," तुम्हीं ने कहा।

"एक बार आसमान से ऐसा रास्ता देखा था जिसे नदी ने छोड़ दिया है," मैंने कहा।

"कैसा लगा था?" तुमने लाल क़िले से नज़र हटा कर मुझे देखा।

"लगा जैसे वक़्त ने दस्तख़्त किए हैं।"

"वक़्त के दस्तख़्त।" तुम्हारी नज़र फिर लाल क़िले पर चली गई।

'क्या हम दोनों एक ही बात सोच रहे थे...'

"वक़्त के दस्तख़्त।"

उँगलियों ने जो महसूस किया वो मैंने एकाएक कह दिया।

उस दिन इतना तूफ़ान उठा था कि लगा नदी की तरह रिश्ते ने भी रास्ता बदल लिया।

बहुत कोशिश की थी मैंने उस दिन। तुमने नज़र नहीं उठाई। न उस दिन के बाद फ़ोन।

जिस्मों जिस्मों होता आया,
अब ये जिस्म समझ में आया।

14

...और इतने बरस बाद कल रात की मुलाक़ात।

"कहाँ रहे इतने बरस?" तुमने पूछा था।

"अपना जिस्म लिये दुनिया भर घूमते रहे," मैंने जवाब दिया।

"जिस्म दुनिया घूमता रहा, दुनिया जिस्म घूमती रही?" तुमने पूछा।

"चलिए मान लिया, और तुम?"

"हम तो अपना-सा जिस्म लिये घूम रहे थे।"

"इतने दिन बाद भी हम बिल्कुल खुले जिस्म से मिले..."

"खुला जिस्म भी खुले दिल-दिमाग़ की तरह होता है," मैंने कभी कहा था, "सबको नसीब नहीं होता।"

"मतलब?"

"देखो ना! ज़्यादातर लोग दबे-दबे घुटे-घुटे तरीक़े से मिलते हैं और वैसे ही चले जाते हैं।"

"ऊपर-ऊपर से मिल के..."

"हाँ। ऐसे नहीं मिलते कि..."

"बिल्कुल मिल जाएँ।"

"घुल मिल जाएँ।"

"लेकिन उससे होता क्या है?"

"जिस्म जिस्म को पढ़ लेता है।"

"बहुत पढ़े लिखे हैं आप।"

गाड़ी शहर के कई जाने-पहचाने इलाक़ों को पार कर के आगे निकल गई थी। लेकिन मैं अभी कल रात में ही था।

"इतने वक़्त के बाद...," तुमने मुझसे या शायद जिस्म ने जिस्म से कहा।

"कितने वक़्त के बाद?"

"जिस्म की लकीरों से वक़्त लिखा हुआ है।"

"दोनों जिस्मों पर वक़्त के दस्तख़त हैं," मैंने कहा।

जिस्म पर वक़्त के दस्तख़त को मैंने उँगलियों से छुआ तो तुमने याद दिलाया–

"सूरज के उगने, न सूरज के ढलने से...
"वक़्त बदलता है जिस्मों के बदलने से।"

"बहुत जिस्म-वर्ष गुज़र गए...जिस्म जिस्म घूमते रहे!" मैंने कहा।

"तो दुनिया घूम कर इस जिस्म के पास क्यूँ आए?"

"जिस्मों जिस्मों होता आया,"
वक़्त के दस्तख़त पर मेरे हाथ रुक गए,
"अब ये जिस्म समझ में आया।"[12]

शायद।

●●●

12. ये शेर मेरा है।